LE

PARNASSICULET ·

CONTEMPORAIN

Il a été tiré de cette nouvelle édition du *Parnassiculet contemporain* 500 exemplaires sur papier de Hollande, numérotés, 20 exemplaires sur papiers de diverses couleurs, et 10 exemplaires sur papier de Chine.

Les exemplaires sur papier de couleur et sur Chine sont accompagnés de trois épreuves sur Chine de l'eau-forte, tirées en noir, en rouge et en bistre.

PARIS. — IMPRIMERIE JOUAUST, RUE SAINT-HONORÉ, 338

ΑΜΟΙΓΙΚΗ ΜΟΥΣΑ

LE
PARNASSICULET

CONTEMPORAIN

Recueil de vers nouveaux

PRÉCÉDÉ DE

L'HOTEL DU DRAGON-BLEU

ET ORNÉ

D'une très-étrange eau-forte

———

DEUXIÈME ÉDITION

AUGMENTÉE DE NEUF PIÈCES INÉDITES
NON MOINS SURPRENANTES QUE LES PREMIÈRES
ATTRIBUÉES AUX MÊMES AUTEURS
ET DÉCOUVERTES APRÈS LEUR MORT

PARIS

LIBRAIRIE CENTRALE (J. LEMER, ÉDITEUR)

9, RUE DES BEAUX-ARTS, 9

1872

AVERTISSEMENT

L'éditeur du Parnassiculet contemporain, afin d'empêcher les curieux de trébucher et se casser le nez dans le corridor du Charentonneau où il les voit se précipiter avec un si louable empressement, croit de son devoir de placer à l'entrée un lampion qui en éclaire un peu les ténèbres, et d'expliquer par quelques lignes très-nettes les quelques pages, sans cela inintelligibles, qu'il publie aujourd'hui à ses risques et périls.

On sait le bruit, disproportionné avec leur mérite, qu'ont fait récemment une trentaine de poëtes de tous

poils avec un volume de vers nouveaux présentés par
eux au public comme l'expression de la poésie contem-
poraine¹.

Une demi-dou:: :e d'autres poëtes, à bon droit
scandalisés d'une si énorme prétention, ont voulu ra-
mener à plus d'humilité leurs frères en Apollon, en
leur démontrant que les premiers venus pouvaient
accoucher d'une aussi petite souris qu'eux, sans pous-
ser les mêmes cris de montagne en mal d'enfant.

D'où les neuf ou dix pièces de vers qu'on va lire,
toutes aussi remarquables par leur beauté que par leur
incohérence, et la critique la plus fine, la plus ingé-
nieuse et la plus probante du gros volume dont elles
sont l'exacte photographie.

En outre, l'éditeur du Parnassiculet contemporain,
étant de ceux qui pensent qu'il n'y a pas de petit dé-
tail et que tout importe en matière littéraire, a voulu
initier le public aux multiples incidents de la parturi-

1. Nous écrivons trente au lieu de trente-sept, désirant
mettre en dehors de notre critique quelques *anciens* — Pourquoi diable en sont-ils! — Que les enfants de chœur fassent la
cabriole derrière l'autel, passe encore! Mais des chanoines!

tion de la montagne parnassienne. D'où ce chapitre
liminaire intitulé : l'Hôtel du Dragon-Bleu, où l'on
retrouvera un écho de certain chapitre des Jeune
France de Théophile Gautier, comme on retrouve
dans le gros volume en question un reflet de la litté-
rature abracadabrante de cette époque, déjà si loin de
nous, qui se croyait une Renaissance et qui, par cer-
tains côtés qu'on voudrait remettre à la mode, ne fut
qu'une Descente de la Courtille littéraire. Les poëtes
dont on lira tout à l'heure des pastiches, si heureux
qu'ils pourraient faire partie de leur propre volume,
sont des turcs attardés qui ont oublié, ou qui ne savent
peut-être pas, que le Carnaval romantique est clos
depuis trente ans.

L'éditeur du Parnassiculet contemporain n'ose
pas espérer que cette spirituelle critique, renouvelée
des Spartiates, qui grisaient leurs Ilotes pour détourner
les enfants de l'ivresse, aura sur ces voltigeurs du
Romantisme, plus ambitieux que coupables, l'efficace
résultat qu'il souhaiterait d'en obtenir. Cependant,
comme quelques-uns d'entre eux lui paraissent être
plus sainement doués que les autres, il y a des chances

pour qu'ils rejettent au vestiaire de Babin les costumes bizarres dont ils se sont affublés pour ne pas ressembler à tout le monde, et qu'ils comprennent enfin qu'il vaut mieux être original en français que ridicule en sanscrit.

Cela dit, avec toute la douceur qu'on doit avoir en parlant à des gens atteints de folie, l'éditeur du Parnassiculet contemporain se tait, n'ayant plus rien à dire.

L'ÉDITEUR.

A L'HOTEL DU DRAGON-BLEU

I

Si-Tien-Li, mandarin lettré, crotte sa belle dalmatique.

Onze heures du soir, il pleut... Si-Tien-Li, mandarin lettré au bouton de cristal, s'en va le long des trottoirs de la rue du Four-Saint-Germain, sautillant sur ses petits pieds comme font les Chinois, et relevant, de peur de la boue, les larges manches en satin de sa dalmatique orange.

A quoi peut songer à cette heure, dans la rue du Four-

Saint-Germain, sur les trottoirs mouillés qui étincellent aux lueurs du gaz, Si-Tien-Li, poëte chinois et mandarin de première classe?

Il pense sans doute que là-bas, près du fleuve Jaune, les nuits d'octobre sont plus belles qu'à Paris; il essuie mélancoliquement ses deux longues moustaches fines que continuent jusqu'au sol deux minces fils d'eau glacée, clairs comme des baguettes de verre, et de temps en temps, entre les toits pointus et les faisceaux noirs des cheminées, son regard triste cherche la lune.

Voilà qui est singulier : un mandarin se promenant ainsi, en dalmatique orange brodée d'astres et d'animaux, à quelques pas de l'Odéon, que dirige M. de Chilly! De le voir passer, les sergents de ville se consultent, et les petites filles qui vont seules le soir retournent la tête en .iant. Mais Si-Tien-Li n'en continue pas moins sa route devers l'hôtel du *Dragon-Bleu*, où les poëtes Parnassiens tiennent leurs assises.

II

Si-Tien-Li pousse une porte.

« Ces poëtes de France sont bien mal logés ! dit le mandarin en s'arrêtant. On imaginerait, à lire leurs vers, qu'ils passent la vie dans des palais de porcelaine, pleins de fleurs, de femmes et d'oiseaux rares, parmi de vastes jardins d'été, où l'eau chante éternellement au fond des

vasques de marbre... » Mais Si-Tien-Li a beau arrondir
ses petits yeux, il ne voit ni tapis, ni cristaux riant aux
lumières, ni dames en robes lamées d'étoiles et de diamants; il ne voit ni or, ni rubis, ni pourpre; rien que le
trou noir de l'allée avec le grand dragon de tôle peinte
en bleu qui se tord au-dessus. Tout au fond, à l'entrée
d'un escalier étroit, tremble la flamme grêle d'un bec de
gaz, et sur les pavés d'une cour intérieure on entend
l'eau des gouttières tomber à grand bruit. Cependant il
ne faut pas se fier aux apparences, et la coque goudron-
née des bateaux de fleurs cache plus d'un voluptueux
secret... C'est pourquoi Si-Tien-Li s'enfonce dans
l'allée, monte d'un pas léger le petit escalier et se dirige,
en tâtant des mains les murs du corridor, vers une porte
d'où s'échappent de douces odeurs, quelques accord
voilés et un pâle rayon de lumière. C'est ici!... La
porte du cénacle est entr'ouverte... Curieusement, Si-
Tien-Li la pousse du doigt.

III

Ce que Si-Tien-Li est venu faire à Paris.

Sur les bords du fleuve Jaune, Si-Tien-Li passe pour
un grand poëte, et les jeunes filles de Pékin, au visage
poudré de poussière orange comme les étamines d'un lis,
rêvent de lui derrière les treillages de bois doré en chan-
tant les strophes de son dernier livre : — *Vers amoureux*

qu'il faut lire au clair de lune quand les pêchers sont en fleurs. — Or Si-Tien-Li a entendu dire qu'il se trouve dans Paris un séminaire de jeunes lettrés fort épris des vers à la chinoise, et c'est pour les saluer qu'il est venu de Pékin à Paris, qu'il a sali dans la boue les glands et la queue de sa belle dalmatique et qu'il pousse du doigt une porte dans l'hôtel du Dragon-Bleu.

IV

Ce qu'il y a derrière la porte.

En voyant ce qu'il y a derrière la porte, Si-Tien-Li croit être en Chine, et cela lui réjouit le cœur. Si-Tien-Li croit être en Chine, au milieu de cette savante académie de Hong-Kong où les mandarins lettrés écoutent des vers en brûlant de l'opium dans leurs petites pipes de cuivre. Imaginez une chambre d'hôtel garni non point absolument nue comme elles sont à l'ordinaire, mais égayée pour la circonstance de quelques assiettes sur les murs. Trois lanternes en papier découpé pendent au plafond, éclairant à demi la chambre de leurs doux reflets multicolores; une belle carafe de cristal pleine d'eau limpide, et curieusement disposée de façon à recevoir le reflet des lanternes, fait étinceler ses mille facettes comme des grappes de diamants roses et bleus, et, dans un coin, sur un vieux piano, fume une cassolette orientale.

Tous les Parnassiens sont là, assis par terre, le long

des murs et mâchant du haschich... Ils regardent sans rien dire une jeune fille en costume de statue qui fait des poses plastiques, au milieu de la chambre, sur un tapis de pourpre fanée. A chaque nouvelle pose, un petit homme noir qui se démène au piano plaque un accord majestueux, pendant qu'un bel adolescent à longs cheveux dorés et bouclés, vêtu de velours sombre, indique à la jeune fille les poses diverses qu'il faut prendre.

— Le cygne, dit-il à voix basse, voyons... là, mon enfant, ne riez pas, faites-nous la pose du cygne... La tête sur ce coussin, la main pendant ainsi, c'est bien... Ganymède maintenant, la pose de Ganymède...

Et l'on n'entend que les paroles murmurées par le jeune homme, les accords sourds du piano et les petits éclats de rire secs et argentins de la jeune fille-statue.

Séduit par ce spectacle surprenant, Si-Tien-Li a ouvert la porte peu à peu, et, sans songer qu'on pourrait le voir, il avance la tête, écarquillant joyeusement ses yeux bridés pleins de finesse. Tout à coup, la jeune fille se retourne pour « faire Ganymède »; elle aperçoit dans l'entrebâillement de la porte la face étonnée de Si-Tien-Li, et se laisse tomber sur les coussins, riant aux éclats, et criant de toutes ses forces : — Polichinelle!... oh!... Polichinelle!!

V

Si-Tien-Li fait son entrée.

Toutes les têtes regardent vers la porte... Si-Tien-Li prend de la main gauche son bonnet de mandarin orné du bouton de cristal, et, découvrant sa tête rasée, il salue. Le jeune homme aux cheveux d'or s'avance vers lui gracieusement :

— Fils de la Lune et du Soleil, dit-il, Con-Fut-Zeu parle par ta bouche en métaphores blanches comme le nénuphar et harmonieuses comme le chant de l'oiseau Li... Nous t'attendions... Sois bienvenu parmi les Parnassiens !

— Bonsoir, Monsieur, répond poliment Si-Tien-Li, et, après avoir consulté son dictionnaire de poche, il ajoute :

— Comment vous portez-vous ?

Quelques Parnassiens se sont levés pour serrer la main au poëte chinois, qui s'étonne de voir autour de lui tant d'yeux effarés et de chevelures extraordinaires; d'autres, plus profondément haschichés, restent accroupis sur leurs coussins et continuent de regarder au plafond la danse des petites flammes dans l'intérieur des lanternes.

VI

Le critérium de Si-Tien-Li.

— Asseyez-vous, fils du Soleil, dit le poëte aux cheveux d'or en présentant un fauteuil à Si-Tien-Li.

Le mandarin s'incline et s'assied.

— Vénérable mandarin à bouton de cristal, vous nous surprenez ici au milieu d'une de nos séances parnassiennes, en train d'habituer nos yeux au spectacle des belles formes (il montre la jeune fille) et des colorations singulières (il désigne la carafe et les trois lanternes).

Ces exercices hebdomadaires servent à entretenir intacts parmi nous le sentiment du Bizarre et l'esprit des doctrines pures. Mandarin, avez-vous un *critérium?*

Le mandarin comprend tout de travers et rougit imperceptiblement ; le jeune homme aux cheveux d'or continue :

— Il faut avoir un *critérium,* mandarin! Barrer son cœur aux passions humaines, et demeurer, ainsi qu'il convient, le spectateur farouche et froid du drame de la vie ; écrire en un style somptueux et compliqué auquel ne puisse rien entendre le Vulgaire, et s'inspirer toujours des temps et des régions énigmatiques sur lesquels flottent comme un voile divin l'Idéal et l'Ombre : voilà le vrai critérium, le seul, le nôtre, celui de l'hôtel du Dragon-Bleu! Car c'est nous qui sommes les Impassibles!! Je suis, moi, impassible Indou, et je m'en fais gloire ; ce monsieur là-bas est impassible Turc ; son voisin de gauche, impassible Scandinave ; son voisin de droite, impassible Marocain ; et nous serions très-heureux si vous vouliez représenter chez nous l'impassibilité Chinoise.

Pour toute réponse, Si-Tien-Li se lève, fait un grand salut, envoie sa main droite dans sa manche gauche et en retire un petit carré de papier de mûrier tout couvert de caractères européens, qu'il passe au jeune homme à la chevelure d'or.

De sa voix douce et bien timbrée, le jeune homme à la chevelure d'or donne lecture du poëme de Si-Tien-Li, traduit du chinois en français par M. Léon de Rosny, chargé du cours de japonais à l'École impériale des langues orientales, chevalier de plusieurs ordres.

VII

Le poëme de Si-Tien-Li.

« Il se promène, le haut guerrier, — dans le jardin d'Été — où les arbres éclatants de fleurs exotiques — se balancent au soleil comme des mandarins — qui rencontrent un ami; — où l'eau toute blanche jaillit en l'air — et retombe clop, clip, clop — sur la surface des bassins.

« Sur la surface des bassins — clop, clip, clop, l'eau retombe toute blanche — et le haut guerrier sourit — en flattant de la main sa barbe vivace, — sa barbe noire comme l'oiseau étrange — qui dévore les morts dans ces pays lointains. — Un insigne sanglant décore le bras du guerrier. — C'est la hache, la hache en drap rouge ! !

« La hache en drap rouge, insigne sanglant ! — décore le bras du guerrier. — Mais sur le banc de fer ouvragé — il a posé son terrible casque — haut comme une tour, poilu comme une chèvre de trois ans. — Laisse, laisse courir le petit enfant, — et viens manger le gâteau des plaisirs — ô jeune fille de mon pays ! ! »

VIII

Où la fille-statue découvre quelque chose.

Ici, le jeune homme s'arrête; les Parnassiens assis autour de la chambre hochent la tête d'un air d'admira-

tion, et le bon Chinois, croisant sur son ventre ses petites mains courtes et grasses, se balance gravement
dans son fauteuil.

Il faut recommencer la lecture du poëme...

— Bravo !.. Bravo! Quelle couleur !... Quel parfum
chinois !... Les bassins! Clop, clip, clop !... Le gâteau
des plaisirs !... La hache en drap rouge !...

Tout à coup, au plus beau de l'enthousiasme, voilà la
fille-statue qui s'écrie : — Mais je connais çà ! Mais je
l'ai entendu au Beuglant! Mais c'est *le sapeur et la
payse!*

— Est-ce un sapeur? demandent les Parnassiens
consternés.

Si-Tien-Li, qui ne voit pas le danger, s'incline avec
un sourire; et la jeune fille, se pelotonnant toute
blanche et frileuse dans sa pauvre petite mante de velours noir, répète en riant toujours : —C'est *le sapeur
et la payse !*

IX

Le poëte aux cheveux d'or sauve Si-Tien-Li.

Que va devenir entre les mains des Parnassiens le
malheureux Si-Tien-Li convaincu d'avoir chanté un
Sapeur dans ses vers? Fort heureusement pour lui, le
jeune homme aux cheveux d'or s'interpose...

2.

— Parnassiens, s'écrie-t-il, que reprochez-vous au mandarin? En quoi a-t-il violé le dogme saint de l'impassibilité? L'avons-nous entendu célébrer les choses de son pays, ses palais de porcelaine, ses kiosques treillagés, ou ses petits parcs peuplés d'arbres bizarres? A-t-il peint des objets qu'il a vus de ses yeux, au risque de rouler dans la vérité et la passion? Non... Tout au contraire, il fait des vers parisiens en Chine, et rêve de sapeurs et de Cauchoises dans les rues de Pékin, que bordent des maisonnettes en bambou. — Ah! mandarin, que vous avez raison! continue le poëte en secouant avec frénésie l'or clair de ses longs cheveux. Mort à la réalité et malheur à celui qui voudra la mettre dans ses vers!

Le vers, mandarin, c'est cette coupe de cristal de Bohême, — et il lève un grand calice, long comme une fleur de digitale et si frêle, si mince, qu'un souffle d'air pourrait le faire vibrer. — La coupe est sonore tant qu'elle reste vide; — et, disant cela, le Parnassien aux cheveux d'or promène son doigt doucement sur le bord qui frémit et chante avec des notes d'harmonica... — Remplissez maintenant! Versez dans vos strophes le vin fade de la réalité, la coupe ni les strophes ne tinteront plus. — Et le poëte se verse du champagne, et, superbe d'ironie, il frappe de l'ongle contre le cristal, qui ne rend cette fois qu'un son mat et sourd.

— Comprenez-vous, Chinois? dit le poëte en montrant le verre où mousse le champagne ambré.

Un éclair d'intelligence brille dans les petits yeux du mandarin, il dodeline doucement de la tête, et, prenant le verre placé devant lui, il le vide d'un seul trait.

X

Où l'on dit quelques vers.

L'auditoire nage dans l'enthousiasme, les plus endormis des Parnassiens se réveillent pour affirmer leur critérium à la mode chinoise, et incontinent sont décoiffées et vidées sept bouteilles de gustave-mathieu mousseux.

On boit à l'impassibilité..., à Saturne..., au Bizarre..., les bouchons de liége partent dans les chevelures, et y restent ; les perles de la mousse scintillent et pétillent parmi l'or des barbes ; des strophes et des fragments de vers pareils à des moineaux enfermés volent de tous côtés en battant de l'aile.

La belle et singulière nuit !...

XI

Où l'on s'en va.

Sept heures du matin... Les lanternes pâlissent... La carafe, éclairée maintenant par un faible rayon de lumière extérieure, brille modestement toute blanche comme une simple carafe de verre bourgeois.

On continue à dire des vers..., le piano chante.

Le mandarin, mis en gaieté par l'âme généreuse des bouteilles, se réjouit, seul dans son fauteuil, et récite des poëmes chinois en chinois.

— Si nous allions nous coucher? murmure la jeune fille-statue.

— Allons!! répondent en chœur les Parnassiens.

— Attendez! s'écrie le jeune homme aux cheveux d'or. Afin d'éterniser le souvenir de la visite que l'illustre Si-Tien-Li fit au Cénacle du Dragon-Bleu, je propose de publier en un volume luxueusement imprimé tous les vers qui viennent d'être dits dans cette soirée mémorable!

Les Parnassiens s'inclinent en silence, et le mandarin s'en va vers la porte, — très-joyeux, — le bouton de cristal sur l'oreille et trébuchant agréablement.

Voilà, cher lecteur, le véridique récit des circonstances extraordinaires auxquelles tu dois le bonheur de feuilleter ce petit livre du *Parnassiculet*, qui est, dans sa belle couverture à titre rouge et noir, comme un flacon d'or où tiendrait en trois gouttes l'essence de la poésie contemporaine.

LE

PARNASSICULET

CONTEMPORAIN

AVATAR

Près du Tigre, sous l'or des pavillons mouvants,
Dans un jardin de marbre où chante une piscine,
Autrefois je dormis. Une jeune Abyssine
Fort chaste m'enivrait de ses baisers savants.

Plus tard, dans mes palais, des condamnés vivants
Flambaient très-clair, enduits de poix et de résine,
Et les fleurs embaumaient. — J'ai forcé des couvents
Et des nonnes, sous une armure sarrasine,

On s'en souvient ! — Farouche, à la luxure enclin,
Je me fis franc archer pour suivre Duguesclin,
Et je fus très-aimé de deux bohémiennes...

Or, maintenant j'attends l'*Avatar* inconnu,
Et, le cœur plein de ces femmes qui furent miennes,
Je suis chanteur lyrique et je couche tout nu.

L'AUTOMATE

RONDEAU ESTRAMBOTE

Dans mon corps je sens se débattre
Un automate ingénieux
Qui regarde aux trous de mes yeux
Comme à la toile *d'un théâtre*,

D'un théâtre de Mezzetin. —
Mon âme est fort bien machinée,
Et ce montreur : La Destinée,
Y fait sautiller *ce pantin*.

Ce pantin, à toute ficelle
Que vient tirer le Doigt vainqueur,
Obéit en dépit du cœur
Qui la hait et *qu'elle ensorcelle*.

Qu'elle ensorcelle!... Au fin ressort
Toutes les heures son doigt butte.

Ding ding! un petit homme sort,
Et le pantin *fait la culbute.*

Fait la culbute... Oh! remords lourds!
Et ce démon qui goguenarde,
C'est l'automate qui regarde
Par les trous d'un loup de velours.

TRISTESSES DE NARAPATISEJOU

Iraouady, tes vagues saintes
Aux vagues saintes du Kiendwen
Disent les fureurs et les plaintes
Du fier rajah de Sagawen.

Au seuil de la pagode sourde,
Où ton flot sacré l'entrava,
L'empreinte de sa hache lourde
Semble encor menacer Ava.

O sort! ô deuil! ô villes mortes!
Où Bodo s'en est-il allé?
Amarapour, où sont tes portes?
Que deviendras-tu, Mandalay?

Le fier coursier emblématique
Que montait le brun Yansita
A rouvert son aile mystique,
Et son aile au loin l'emporta!

Pourtant les idoles de jade
Dans leurs temples que l'on rasa
Contemplent d'un regard maussade
Ton poisson d'or, Noatasa !

LE MARTYRE DE SAINT LABRE

SONNET EXTRÊMEMENT RHYTHMIQUE

Labre,
Saint
Glabre,
Teint

Maint
Sabre,
S'cabre,
Geint !

Pince,
Fer
Clair !

Grince,
Chair
Mince !

MÉLANCOLIE ÉQUATORIALE

Le Midi sur les bois étend sa langueur lourde ;
Et l'on n'entend plus rien, — rien que la rumeur sourde
Des baisers du Soleil à l'humus Gabonnais.

Rien ! — Au loin seulement, reproche horrible et triste,
Le cri d'un Nhslégo qui se tord et résiste
Dans le piége de fer d'un chasseur Kroumanais.

Tout dort. Le roi M'Pongo Bétani, dans sa case,
Sur le tissu très frais d'un tapis du Caucase
Couché, songe, en mâchant un morceau de Kola.

C'est un vieillard vêtu d'un ancien uniforme
De fantassin danois un peu large de forme,
Qu'à bord d'un négrier autrefois il vola.

Il songe et dit : « Je suis, de la mer aux montagnes
« Del Crystal, fameux. J'ai près de trois mille pagnes
« Commandés par six chefs extrêmement méchants ;

« Quarante et un hameaux; soixante-quatre femmes;
« Cent cinquante-huit enfants; vingt canots de dix rames
« Et, pour ensemencer et cultiver mes champs,

« Cinq cent trente Boulouz pris aux tribus voisines,
« Superbes et luisants. Pendus dans mes cuisines,
« Huit neptunes tout neufs; un colossal grelot;

« Dix couteaux de Sheffied; un sabre, une cravache;
« Pour serrer mes habits, un coffre en cuir de vache
« Sur lequel est écrit le nom de Toôtiôr;

« Cinq gilets de Satin Bajatupot, Romale,
« Korot et Chiloet; un très-grand singe mâle;
« Et, pour chasser d'ici les sinistres esprits,

« Sur un tronc de Khaya mon Fétiche se dresse,
« Montrant ses rouges dents. Avec beaucoup d'adresse
« J'ai constellé son front de mes nombreux gris-gris.

« Un Oukoundou puissant, fait des os d'une Morte
« Qui fut ma Sœur, je crois, est caché sous ma porte
« Et défend ma maison. Le jour de mon trépas,

« En mon honneur seront, aux sons doux, aux sons graves
« Des Ibékas Goumbis, égorgés cent esclaves.
« Mes femmes pleureront et danseront un pas.

« Par Mikombo! je suis un chef terrible et riche!
« Pourtant je donnerais mon coffre et mon Fétiche,
« Mes gilets, mon gorille et mes femmes en sus,

« Pour être ce traitant, ce mulâtre imbécile
« Qu'on nomme Orassengot, et dont le domicile
« Est plus pauvre et plus nu que son vieux pardessus. »

. . . .

Une femme Pahoine ayant les dents en pointe
Écoutait le chef noir, caressant sa chair ointe
D'huile. Elle dit : « O roi! pourquoi tremble à ton œil

« La perle de tes pleurs? Parle sans défiance.
« N'as-tu plus d'Oulougou, ni de pipe en faïence,
« Pour que sur ton esprit s'amasse tant de deuil?

« Qu'a-t-il donc d'étonnant, ce fils de la Havane
« Qui sans toi serait mort de faim dans la savane? »
Bétani répondit : « Enfant au cœur ouvert,

« Lorsqu'il se rend à bord des navires en rade,
« Il a, ce Sang-Mêlé, pour chapeau de parade
« Un shako d'artilleur orné d'un pompon vert! »

PANTHÉISME

C'est le Milieu, la Fin et le Commencement,
Trois et pourtant Zéro, Néant et pourtant Nombre,
Obscur puisqu'il est clair et clair puisqu'il est sombre,
C'est Lui la Certitude et Lui l'Effarement.

Il nous dit Oui toujours, puis toujours se dément.
Oh! qui dévoilera quel fil de Lune et d'Ombre
Unit la fange noire et le bleu firmament,
Et tout ce qui va naître avec tout ce qui sombre?

Car Tout est tout! Là-haut, dans l'Océan du Ciel,
Nagent parmi les flots d'or rouge et les désastres
Ces poissons phosphoreux que l'on nomme des Astres,

Pendant que dans le Ciel de la Mer, plus réel,
Plus palpable, ô Proteus! mais plus couvert de voiles,
Le vague Zoophyte a des formes d'étoiles.

LE CONVOI DE LA BIEN-AIMÉE

Lorsqu'il sera cloué, cet immense cercueil,
De mes ongles aigus j'ouvrirai ma poitrine
Et je t'en tirerai, surprenante héroïne !
Déjà j'ai revêtu les habits noirs du deuil.

Puisqu'ils sont terminés, les apprêts de mon deuil,
Ainsi qu'en un coffret doublé de sombre moire
Je prendrai dans mon cœur ce qui fut mon amour.
Et sur ce bel Eros, plus âpre qu'un vautour,
Stoïque, je fondrai sans pleur déclamatoire.

Stoïque, je prendrai sans cri déclamatoire,
Je prendrai ton doux nom et l'éclat de tes yeux,
Et le lustre insolent de ta peau mordorée,
Et le parfum exquis de ta bouche adorée,
Et ton baiser subtil, chaste et délicieux.

Je prendrai ton baiser chaste et délicieux,
Tes soupirs embaumés, tes serments et ces larmes
Claires comme un poison qui dort au sein des fleurs,
Et l'essaim agaçant des propos querelleurs,
Avec la lâcheté dont tu te fis des armes.

Aimable lâcheté qui lui donnais des armes !
Je prendrai le passé tout entier, nerfs et sang,
Ame, voix et senteurs, ô ma tendre maîtresse,
Et de tes noirs cheveux tortillant une tresse,
Sans pitié je lierai le spectre caressant.

Je te lierai, fantôme horrible et caressant ;
Puis quand ce sera fait, d'une allure très-fière
En long je coucherai le pâle souvenir
Et verrai le doux mort sans aucun repentir
Pour toujours étendu dans l'infrangible bière.

Quand il sera scellé dans la sinistre bière,
Je le ferai porter sur mon plus fin steamer,
Et sans me retourner vers la terre fatale
Où le Destin stupide à plaisir me ravale,
Sur tes flots attirants je veux aller, ô mer !

Sur l'ennui de tes flots emmène-nous, ô mer !
Et je dépasserai les cercles du Tropique,
Dédaigneux des effrois issus des ouragans,

Des rocs et des typhons, des vents et des courants,
Et des écueils gelés de l'âpre pôle arctique.

Et je dépasserai l'horrible pôle arctique.
Alors, tirant du fond du rapide vaisseau
Ce qui fut autrefois le meilleur de moi-même,
Mon cœur et notre amour, douce beauté que j'aime,
Sur les bords du steamer je mettrai le fardeau.

J'appuierai sur le bord le macabre fardeau,
Et lorsque j'aurai vu du haut de la mâture
Accourir les requins aux parfums de ta chair,
Avec un haut-le-cœur, être adorable et cher,
Je pousserai gaiement l'aimable pourriture !

GAEL' IMAR AU GRAND PIED

Dans un grand lit sculpté, sur deux larges peaux d'ours,
L'écuyer Gaël'Imar près de la reine Edwige
Repose. — Ainsi que la loi danoise l'exige,
Ils ont entre eux, veuf de sa gaîne de velours,

L'acier d'un glaive nu qui les tient à distance.
Le vieux roi fait la guerre en Chine; il a chargé
Gaël'Imar d'épouser sa femme en son absence.
« Oh! qui m'arrachera du cœur l'ennui que j'ai:

« Je meurs si je n'obtiens ce soir un baiser d'elle,
Et le roi me tuera, certes! si je le prends! »
Dit Gaël'Imar, seigneur très-sage et très-fidèle.
« Qu'il est beau! dit Edwige, et qu'il a les pieds grands!

« Comme il sied aux héros qui vont à la bataille,
Il est couvert de fer forgé .., casqué de fer...,
Ganté de fer.. , chaussé de fer,... et puis l'entaille
Qui lui trancha la joue est charmante! » — L'Enfer

Inspire aux amoureux un désir âpre et sombre...
Tout sommeille... L'un vers l'autre, les beaux enfants
Se sont tournés. « Je t'aime ! » ont dit deux voix dans l'ombr
Mais le grand sabre : « Holà ! moi je vous le défends ! »

Comme un puissant baron qui chasse dans les plaines,
La Luxure en leur cœur sonne ses oliphants.
Ils se cherchent; déjà se mêlent leurs haleines...
Mais le grand sabre : « Holà ! moi je vous le défends ! »

Ce fut toute la nuit des angoisses mortelles,
Un loup toute la nuit près des portes hurla,
Et la lune en passant ouït des choses telles
Qu'elle en pâlit... Mais quand finit cette nuit-là,

A l'heure où le soleil dans la neige se cabre,
Où le renard bleu rentre au fond des antres sourds,
Dans le grand lit sculpté, sur les larges peaux d'ours,
Ils étaient froids tous trois : Lui, la Femme et le Sabre.

MADRIGAUX SUR LE MODE THÉBAIN

I

Amère et Farouche Hétaïre,
Je chanterai sur ma syrinx
De buis jaune le froid délire
Que me versent tes yeux de Sphinx.

Tu caches le cœur noir d'un lynx
Dans ton corps de souple porphyre,
Et sur ta sandale on peut lire :
Zeuxis, cher à Kithérè, pinx...

II

Sur ta peau — soyeux papyros —
Les sœurs blondes, les trois Kharites,
En lettres grecques sont écrites
Par le doigt fin du jeune Eros.

Plus douce que le nénuphar
Dans l'eau claire, une aurore blanche
Baise ton pied rose et ta hanche
Ivoirine, Ω Ζυλμα Βουφαρ !

BELLÉROPHON

La Chimère a brisé son front contre l'Azur;
Elle fouettait les cieux de ses ailes meurtries
Et le fer de ses pieds rayait le cristal dur...
Le cavalier tomba. — Des gens, dans les prairies,

Virent cet homme étrange en son rouge pourpoint
Se traîner et gémir longtemps sur l'herbe verte.
Pareille au sang nouveau d'une blessure ouverte,
Une lueur captive étincelle à son poing...

Il cria : « Les Dieux ont le ciel, l'ivresse est mienne! »
A sa ceinture il prit une coupe ancienne
Dans le chêne taillée avec de rudes nœuds,

Et, riant du poison qui dévorait ses moelles,
Il regardait fumer sur ses doigts lumineux
Le vin mystique et doux fait du sang des étoiles.

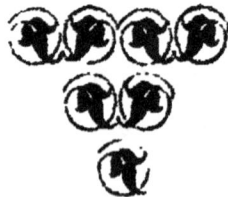

PIÈCES INÉDITES

VATICINATION

A la grise clarté des brumes hivernales,
La bande des loups noirs, que chassent les vents froids,
Descend, folle, hurlante, effondrant sous son poids
Le sol blanc des forêts sub-septentrionales.

De l'équateur brûlant, au même instant, surgit
La foule des chacals dont le poil roux se dresse;
Elle monte, envoyant ses clameurs de détresse
Aux horizons perdus que le soleil rougit

Arrivés au Delta, — mystique et triple trace
Du Ciel à l'Océan, de la Mer au Désert,
Du Sable à l'Infini, — se trouvant face à face,
Les sinistres troupeaux s'arrêtent!... L'œil ouvert

Sur le monde idéal s'éteint comme en un songe;
Le croc du loup s'enfonce aux artères d'où sort
Le sang chaud de la Vie; et le chacal allonge
Sa dent aux ossements refroidis par la Mort.

Le Verbe que voilaient le tumulte et le râle
Se fait entendre alors. Il domine la Chair;
Le Rayon éclipsé se rallume plus clair,
Et l'Aube des grands jours se lève rose et pâle.

ÉGOLOGIE

Le Poëte est semblable à la Limace ; il a
Pour pâture les fleurs ravissantes, comme elle !
Et, déchu, la pauvre âme, ô douleurs, n'a commé aile
Qu'un pied ignoble et lent !   Aussi, triste, il gît là

Où le met Dieu, haï des Êtres et des Choses !
Mais, comme la Limace, à ce monde outrageant,
Sur la feuille des choux et la feuille des roses
Il laisse avec mépris une trace d'argent !

SOLIDARITÉ

Or, le Chou, cette rose
Énorme et verte, dit :
« O rose en discrédit,
Moi, l'humble fleur de prose,
Je t'aime, noble fleur,
Faite de poésie,
Que l'Aurore a choisie
Pour y cacher un pleur ! »

Et la Rose, cet astre
Rouge du Ciel-gazon,
Que la jeune saison
Fait encore alabastre,
S'écrie en frémissant :
« O créature abstême,
J'honore ton système
De fumier nourrissant ! »

ΘΕΡΕΣΑ

Ainsi qu'aux temps lointains où les agonothètes [1]
Provoquaient des jeux grecs le transport convulsif,
Tu trônes, Θερεσα dans l'Alcazar massif,
Colossale, au-dessus d'un océan de têtes.

Σάλπιγξ [2] dont les éclats font cabrer les poètes,
Sous ta lèvre s'agite un Lhomond subversif ·
Et ton corps sidéral a le frisson lascif
Des jaléas murciens ruisselants de paillettes.

Lorsque frémit ta voix, — ce cor de cristal pur, —
Dans mon cœur le Démon pousse des cris atroces
Et fait trêve au travail sourd de ses dents féroces.

C'est pourquoi je viens, Moi, qu'habite un Diable impur,
Lâchement enivrer mon âme pécheresse
Dans ton vin capiteux, sonore enchanteresse !

1. Ἀγονόθητς. Les Agonothètes présidaient aux jeux.
2. Σάλπιγξ (Salpinx), trompette grecque.

ABSINTHE

APOCALYPSE, ch. VIII
(10-11).

L'ange de l'Apocalypse,
Lumineux épouvantail,
Réveille l'humain bétail
Sur la montagne de gypse.

Il développe l'éclipse,
Ainsi qu'un noir éventail,
Et la planète en travail
S'arrête sur son ellipse.

L'herbe pousse au bord abject ;
Elle embaume l'air infect ;
Le cristal se coule et tinte ;

Au fleuve l'Étoile choit,
Verte... Et le poëte boit
Le poison qu'il nomme ABSINTHE !

DANS L'ÉTHER

« Pour prévenir les grands désastres,
« Que la chevelure des astres —
« Errant, la brise au front, dans l'azur écroui, —
« O Grands Dieux, — ce soir soit livrée
« Aux dents d'un ivoire inouï,
« Puis ointe d'une odeur d'elle-même enivrée ! »

Ayant dit, Zeus au sein des ombres
Prend les Comètes, ces décombres
Des soleils fracassés ; il lisse leur toison !
Et le Doigt immortel qui saigne,
Étonné, trouvait à foison
Des Étoiles encor prises aux dents du peigne !

LA TRÈS-AIMÉE

Cette femme sans nom ondule, charme ;
Et je l'aime ! — J'ai dit : « Oui, je l'aime », en frappant
Ma poitrine impassible. — O Muse, il me désarme
Ce cher être, à la fois Femme, Singe et Serpent !

Je suis ému. Tant pis ! — O cœur lâche, diffame
Ma raison froide ! — Bah ! — Mais cette trinité
M'enthousiasme, enfant qui montres dans la femme
La grâce ophidienne et la scurrilité !

Va, mon amie — exquise, amusante et traîtresse, —
Nous te ferons, reflets de Paris, de l'Eden
Et des Pampas, un temple où tu seras prêtresse,
Sanctuaire élégant : boudoir, cage et jardin.

PAN-THO¹-MÈTRE

ÉCRIT SUR LES SABLES DE GHISEH

Au pied de la grande Pyramide

O
Tho!
O Cybèle
Féconde et belle!
O Terre, élément
Du divin mouvement!
O Globe, à l'ardente course
Circumvolant, sous la grande Ourse!
O sol, qui vis le Mammouth géant
Naître avant l'homme et rentrer au néant!
Rase la Chéops, du sommet à la base,
O Sol, ô Globe, ô Terre, ô Cybèle, ô Tho! — Rase! —
Ou sinon les rayons, — Tho! — des grands soleils futurs
Dissoudront en vapeurs, — ô Tho! — ses granits gris et durs.

1. THO, la Terre, dans la mythologie égyptienne

ÉPILOGUE

En ces vers où l'esprit se tord,
Le mot bondit, la rime chante;
Pégase, cinglé, rue et mord
En ces vers où l'esprit se tord.
Apollo pique un son discord,
Et la Muse devient bacchante
En ces vers où l'esprit se tord.

FIN.

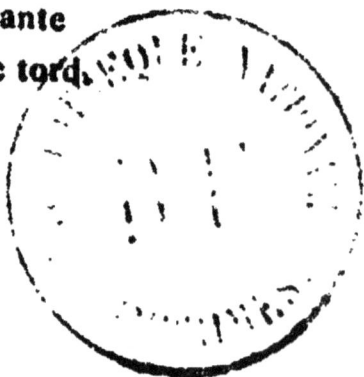

TABLE DES MATIÈRES

PIÈCES INÉDITES.

www.ingramcontent.com/pod-product-compliance
Lightning Source LLC
LaVergne TN
LVHW022207080426
835511LV00008B/1622